AF245330

RÉFUTATION

SUR

LE PRÉTENDU SIÉGE

SOUTENU PAR LA∙VILLE D'AUXONNE,

EN 1586;

PAR CL. XAV. GIRAULT,

Jurisconsulte, Membre de plusieurs Sociétés savantes.

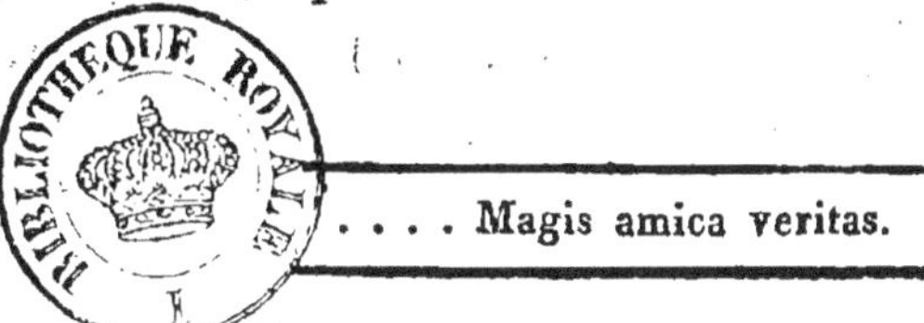

..... Magis amica veritas.

PARIS,

DE L'IMPRIMERIE DE J. B. SAJOU,

Rue de la Harpe, n.º 11.

1812.

Extrait du Magasin Encyclopédique (Mai 1812).
Journal pour lequel on s'abonne chez J. B. Sajou,
imprimeur, rue de la Harpe, n.° 11.

RÉFUTATION

Sur le prétendu Siége soutenu par la ville d'Auxonne, en 1586; par Cl. Xav. Girault, membre de plusieurs Sociétés savantes.

L'ERREUR n'a souvent d'autre cause pour se reproduire que de n'avoir pas été combattue : on la répète, elle acquiert de nouvelles forces, et bientôt elle prendroit la place de la vérité, si on ne l'arrêtoit dans sa course, pour la forcer de respecter au moins le domaine de l'histoire.

L'auteur de la Descr. topogr. du Duché de Bourgogne avoit écrit, tom. 3, p. 249 : « Le duc de Guise, en 1586, vint assiéger « Auxonne, que le gouverneur et les habi- « tans ne vouloient point remettre au duc « de Mayenne; il les obligea enfin, le 17 « août, après une vigoureuse défense, à « rendre la place, dont il confia la garde au « baron de Sennecey. »

Les auteurs de la Biographie universelle, *Michaud*, 1811, tom. 3, ont répété que : « Le duc de Guise ayant pris Auxonne,

[4]

« ce fut à *Nicolas* (1) de *Bauffremont* (2)
« qu'il en confia le gouvernement. »

C'est contre ce prétendu siége d'Auxonne,
en 1586, que je crois devoir réclamer, d'a-
près plusieurs manuscrits du temps que j'ai
eu entre mains, et d'après les recherches
que j'ai faites dans les archives de la ville
d'Auxonne.

(1) Ce ne fut point à *Nicolas*, mais à *Claude*, son
fils, que le gouvernement d'Auxonne fut donné,
en 1586; Nicolas ne fut jamais gouverneur d'Auxonne,
il mourut en sa terre de Sennecey, le 10 février 1582.
Les lettres-patentes, du 22 avril 1595, nomment
Claude de Beauffremont, baron de Sennecey, comme
gouverneur d'Auxonne ; il est le premier de cette
maison qui ait eu le commandement de cette
place.

(2) On auroit dû écrire *Beauffremont*, ancienne-
ment *Beffroy-Mont* (Hist. chron. de la Maison de
France, tom. 7, p. 246), dont le nom vient d'un
château fort, dans la Haute Lorraine, à deux lieues
de Neufchâteau ; on peut conjecturer, disent Dunod
et Saint-Julien-de-Baleurre, que ce château fut
ainsi appelé, parce qu'on y avoit placé une grosse
cloche ou beffroy pour avertir les vassaux d'avoir
à s'y retirer, ou à venir le défendre. Aussi les
armes de cette maison ne sont-elles que des *clochés*
sans nombre, *varié et contre-varié d'or et de gueules*,
pour indiquer cette cloche de *Beffroy*, origine du
nom de cette famille. Voyez mes Mémoires sur la
branche de Beauffremont-Sennecey, relatés aux trav.
de l'Acad. de Dijon, pour 1809, pag. 39.

[5]

Chacun sait que la mort du duc d'Anjou, arrivée en 1584, rendit à la ligue une nouvelle activité; on se servit du prétexte que cette mort laissoit la couronne dévolue à un prince protestant, pour recommencer les guerres civiles en France, et le duc de Mayenne s'assura de la Bourgogne.

Dès le 2 avril 1585, les habitans d'Auxonne reçurent des lettres du roi Henri III, par lesquelles il leur mandoit de prendre garde aux entreprises qui se faisoient sur beaucoup de villes de son royaume, et de veiller à la sûreté de la leur, en y faisant bonne garde, et surtout en *n'y recevant pas le duc de Mayenne*. Les Auxonnois s'empressèrent d'exécuter ces ordres, et de se mettre en mesure : la garde fut renforcée, de nouveaux postes établis; Jean de Saulx, vicomte de Tavannes, gouverneur des ville et château d'Auxonne, voulut aussi, pour le moment, avoir l'air d'y obtempérer.

Mais bientôt, ayant quitté le palais du roi, situé dans l'intérieur et sur la principale place de la ville, il se retira au château; et, s'étant concerté avec le duc de Mayenne (3), il renforça la garnison de

(1) On lit dans les *Mém. de plus. choses advenûes en France pendant les guerres civiles, depuis 1560 à 1596, à la suite des Mém. de Tavannes*, rédigés,

cette citadelle, d'abord de cent quarante hommes, qu'il y fit entrer pendant la nuit,

dit Moréri, par le vicomte de Tavannes; que le duc de Guise se saisit de Châlons en Champagne, le duc de Mayenne de Dijon et du château, après avoir débauché la fidélité du sieur de Drée qui y commandoit en l'absence du comte de Tavannes: cette mauvaise pratique arriva par l'infidélité du sieur Pélissier qui gagna les affections d'un plus grand que lui, qui n'étoit pas pour lors en bonne intelligence avec le sieur de Tavannes : ce même Pélissier, qui commandoit comme lieutenant dans les ville et château d'Auxonne, *les rendit au parti du duc de Mayenne ;* le sieur de Tavannes s'en sentit tant offensé, qu'il fut du dedans entièrement *contre le duc de Mayenne,* et fit entendre ses dé‑portemens au roi Henri III. Fol. 39.

Cela est en contradiction avec ce que le Vicomte écrit plus bas, page 41, que les habitans *marris d'avoir été portés par lui au parti du duc de Mayenne contre leur volonté,* se saisirent de sa personne pen‑dant qu'il étoit à la messe, etc.

D'Aubigné, *Histoire universelle,* tome 2, chapitre 8, dit : les Guisarts faisoient à la cour de grandes instances pour leur faire rendre Auxonne, pris quelques mois auparavant sur le Vicomte de Ta‑vannes, *confident de la ligue,* par Pluveault, gentil‑homme de créance et *royal.* Ces autorités nous dispenseront d'opposer ce qu'ont écrit les Auxonnois du temps, aux mémoires de leur gouverneur; il est d'ailleurs aisé de voir que les Auxonnois étoient aussi fidèles au Roi que le Vicomte le fut à la ligue.

et par la porte du secours, puis successive-
ment d'un plus grand nombre.

Il ne garda plus de ménagemens lorsqu'il
apprit que le duc de Mayenne avoit fait
conduire au château de Dijon l'artillerie de
cette même ville; et, malgré de nouvelles
lettres du roi adressées aux habitans, malgré
les sollicitations de la maréchale sa mère,
ayant encore fait entrer au château d'Auxonne de nouveaux soldats, il manda les
magistrats de venir l'y trouver, et les somma
de remettre entre ses mains l'artillerie de la
ville et ses munitions, avec menaces, en cas
de refus, de mettre la ville à feu et à sang;
et déja il avoit fait braquer contre elle les
canons des tours.

Les magistrats ne purent résister à la force :
le vicomte mit cinq cents hommes de garnison dans la ville, et aux frais des habitans; s'empara des maisons qui lui conve-
noient pour caserner ses soldats, en fit abattre
d'autres pour élever des ouvrages de fortifi-
cation, auxquels il faisoit travailler les habitans de la ville et des villages voisins,
imposant des taxes, des péages, des contri-
butions, etc., etc.

Un des valets-de-chambre du Roi passa
par Auxonne : les habitans saisirent cette
occasion d'assurer S. M. de leur fidélité, et
de lui faire connoître l'état d'oppression et

de gêne où les avoit réduits le vicomte de Tavannes. Le seigneur de Pluveault, qui revenoit de la Cour dans sa terre, ayant eu des conférences avec les magistrats, les assura que ce seroit rendre un service signalé au roi, que de s'assurer de la personne du vicomte, leur offrit d'y coopérer, et pour sûreté de sa promesse, envoya dans la ville sa femme et ses enfans en ôtage.

Dès-lors, il ne s'agissoit plus que de se concerter sur les moyens d'exécution; et l'on arrêta que le lendemain, jour de la Toussaint 1585, lorsque le Vicomte viendroit à la messe de paroisse, un soldat, homme de confiance, iroit trouver au château le sieur Deschamps, lieutenant de roi, pour lui dire que le Vicomte le mandoit à l'église; que si Deschamps obéissoit à ce commandement, on se saisiroit de sa personne et du château, on fermeroit les portes de la ville, et on sonneroit le tocsin pour attirer les habitans vers l'église; mais que si le tocsin, faisant soupçonner quelque chose à Deschamps, le portoit à s'en retourner au château, vingt hommes cachés dans l'église des Clairistes lui barreroient le passage : quant au Vicomte, l'on convint qu'on attendroit qu'il se fût mis à genoux, et qu'alors quatre habitans, cuirassés et armés sous leurs manteaux, se jeteroient sur lui, sans lui faire aucun mal, à l'instant où ils verroient dix hommes armés entrer dans l'église; enfin, que le seigneur de Pluveault seroit prévenu de se trouver derrière le château avec sa compagnie.

Ce plan reçut son exécution tel qu'il avoit été conçu; le Vicomte fut conduit dans la maison d'un particulier, où il fut gardé à vue dans sa chambre par dix hommes et deux notables. M. de Charni, lieutenant général en Bourgogne, informé de cet événement, approuva cet acte de fidélité des Auxonnois envers leur Roi; le sieur Mol, échevin, fut députe en Cour pour rendre compte à S. M. de ce qui venoit de se passer; on confia au seigneur de Pluveault le commandement provisoire du château, d'où l'artillerie de la ville fut néanmoins retirée, et l'on s'occupa de rénverser les fortifications que le Vicomte venoit de faire élever contre la ville.

S. M. fit répondre aux habitans qu'elle les louoit de leur fidélité à son service, et qu'ils eussent à remettre la personne du vicomte de Tavannes, les châteaux d'Auxonne et Saulx - le - Duc, entre les mains de M. de Charni; que le parlement de Dijon enverroit sur les lieux pour informer des déportemens et malversions de leur gouverneur. Ces commissaires furent les sieurs Bretagne et Molleron, qui restèrent quinze jours à Auxonne.

Les Auxonnois désiroient avoir pour gouverneur le seigneur de Pluveault; ils savoient que M. de Charni étoit proche parent du Vicomte, et, craignant de retomber sous la puissance de ce gouverneur, et d'éprouver sa vengeance, ils retardèrent tant qu'ils purent de déférer aux ordres de la Cour, dont le comte de Tavannes, frère du Vicomte, et la maréchale leur mère, sollicitoient avec chaleur la mise à exécution.

De nouveaux ordres furent expédiés : les habitans envoyèrent de nouveaux députés en Cour pour déduire les motifs de leurs refus. Le Roi persista, ordonna que le Vicomte seroit transféré à Paris, et nomma le baron de Sennecey gouverneur des ville et château d'Auxonne.

La personne du Vicomte fut remise à l'exempt des gardes envoyé par S. M.; mais, toujours dans la défiance, parce qu'ils avoient été trompés, les habitans refusèrent d'accepter pour gouverneur le baron de Sennecey, connu pour être partisan du duc de Mayenne, et réclamèrent cette place pour le seigneur de Pluveault, dont la fidélité leur étoit éprouvée. On ne blâmera pas ces refus, lorsqu'on lira dans les Mémoires de Tavannes précités, fol. 42, que le gouvernement de Provence ayant été donné au duc d'Epernon, afin de dédommager les Guises, qui étoient mécontens, on leur abandonna celui d'Auxonne, pour y placer une de leurs créatures : affreuse nécessité des rois, d'être quelquefois obligés de ménager les grands coupables au détriment des sujets les plus fidèles.

De nouveaux ordres du roi, datés du 11 janvier 1586, exprimoient son mécontentement de ce qu'on ne déféroit pas à ceux qu'il avoit donnés, et commettoient le sieur de Rochefort pour recevoir, dans un coffre préalablement clos et scellé, tous les papiers du Vicomte, et les apporter à Paris; ils ont donnoient de remettre le gouvernement des ville et château d'Auxonne audit sieur de Rochefort, sous peine, par les habitans, d'être traités comme désobéissans et rebelles.

Les papiers du Vicomte furent en effet portés à Paris par un député de la ville d'Auxonne, chargé de faire des représentations sur la nomination de M. de Rochefort, qu'on savoit n'accepter ce commandement que pour le remettre à d'autres, et dont la commission ne révoquoit pas celle du sieur de Sennecey : mais si la Cour vit ces refus réitérés de mauvais œil, un suffrage bien précieux vint dédommager les Auxonnois; ce fut celui de Henri IV, qui leur écrivoit de Montauban, le 25 janvier 1586, une Lettre remplie d'éloges, qu'il termine en les assurant qu'il est leur *bon et affectionné ami.*

Cependant le vicomte de Tavannes, qu'on n'avoit conduit sur la route de Paris que jusqu'au Val-Suzon, et qu'on avoit ramené par des chemins détournés au château de Pagny, sous les ordres du comte de Charni, averti par le comte son frère que le roi avoit envoyé le sieur de Richelieu, grand-prévôt, pour s'assurer de sa personne, et le conduire à la Bastille, s'échappa de son donjon par le moyen d'une échelle de corde, franchit la muraille du parc, y trouva un excellent cheval que lui avoit fait préparer le comte de Montrevel son cousin, et gagna la Franche-Comté, dont il n'étoit éloigné que d'une lieue. *Mém. Tav.*, pag. 42.

Le premier usage qu'il fit de sa liberté fut de chercher à surprendre le château d'Auxonne : le 10 février il voulut en tenter l'escalade, au moment où il savoit que l'ouverture des portes laissoit les remparts dégarnis ; déja les soldats appliquoient les échelles, lorsque des enfans qui les virent crièrent *aux armes;* le rempart fut bientôt hérissé d'hommes de la garde qui, faisant feu sur les partisans du Vicomte, les forcèrent à s'éloigner, non sans laisser quelques-uns d'entre eux dans les fossés de la place.

En mars 1586, autres ordres itératifs et d'injonction; nouvelles remontrances des habitans, motivées sur l'évasion du Vicomte, et sur ses entreprises contre Auxonne. Nouveaux députés en cour : le Roi persiste à vouloir qu'on reçoive pour gouverneur le sieur de Rochefort, les habitans tiennent toujours à obtenir le sieur de Pluveault.

A la fin, la patience du Monarque se lassa; des retards si multipliés furent pris pour des refus formels; et, en conséquence, le premier mai 1586, des lettres-patentes furent adressées au parlement, par lesquelles, attendu le refus formel des maire et habitans d'Auxonne et du sieur de Pluveault, de remettre le château de ladite ville aux sieurs de Charni et de Rochefort, malgré toutes injonctions à cet égard, S. M. les déclare atteints et convaincus du crime de désobéissance, et ordonne qu'il soit, contre eux, procédé comme tels, et même s'il échet, de faire marcher contre la ville le canon, pour l'exécution desdites lettres que les sieurs Baron de Lux et de Montessus furent chargés de notifier aux habitans.

Ne pouvant reconnoître dans les gouverneurs qu'on leur envoyoit que les partisans de la maison de Lorraine, et conservant toujours l'espoir d'éclairer à la fin la religion du Monarque, les Auxonnois envoyèrent une sixième députation en cour, pour assurer S. M. de la pureté de leurs intentions et de leur obéissance, et pour la supplier de leur donner au moins pour gouverneur, quelqu'un à qui ils pussent se fier.

Cependant le Vicomte renouvelloit ses tentatives contre Auxonne. Il choisit exprès le temps des récoltes pour causer plus de dommages aux habitans. En juillet 1586, il vint se camper lui-même à la Rente de Champ-Mol; il posta le sieur de Rosne à la grange de Soirans, et plaça le sieur de Saint-Paul aux grands Prés : chaque jour il y avoit des escarmouches, entre les habitans obligés de sortir pour leurs récoltes, et les soldats qu'il avoit à sa solde et qu'il entretenoit dans l'espoir du butin. Des lignes de circonvallation se traçoient, des ravelins s'élevoient contre la ville; le cours de la Brisotte, qui inoudoit les fossés de la place, fut détourné; tous ceux qui sortoient de la ville devenoient les victimes de la vengeance du Vicomte et de la férocité de ses soldats; les femmes, les enfans n'étoient pas même épargnés. Quelques sorties avantageuses renversèrent les ouvrages élevés contre la place et ramenèrent l'eau dans les fossés; les habitans étoient dans la ferme résolution de se défendre : le Vicomte, voyant qu'ils en avoient les moyens, renonça à ses projets, et s'en vengea sur les villages voisins par le dégât et le pillage.

Cette conduite ne devoit pas disposer davantage la ville d'Auxonne à recevoir un gouverneur dont elle se défioit; le baron de Sennecey n'ayant toujours point été admis en cette qualité, des lettres de Jussion furent expédiées les 5 juillet et 7 août, par lesquelles S. M. ordonnoit de contraindre les habitans d'Auxonne par la force des armes; et des dispositions furent faites en conséquence.

Le sieur d'Elbœuf étoit à l'Abergement avec cent chevaux; le vicomte de Tavannes à la Marche avec ses soldats; le comte Guillaume son frère à Arc-sur-Tille avec un corps de fantassins; le sieur de Montrevel à Pesme avec un gros de cavalerie; et l'on ne doit pas s'étonner de voir ici concourir les troupes du Roi et celle des Guises, puisqu'il s'agissoit de mettre ceux-ci en possession d'un gouvernement qu'on n'avoit pas eu la force de leur refuser. D'ailleurs depuis le traité de Nemours, le Roi s'étoit mis à la tête de la ligue. Ce ne peut être qu'en ce sens que le vicomte de Tavannes a dit dans ses Mém., pag. 42, que *le duc de Guise étoit aux portes avec quelques forces,* quoique le duc de Guise fût alors assez occupé contre le duc de Bouillon.

Le sieur de Charni vint se présenter à

Auxonne; les portes lui en furent fermées, et il fut obligé d'aller coucher à Thillenay avec sa suite. Mais les portes furent ouvertes le même soir au président Jeannin, qui venoit conférer avec le sieur de Pluveault sur les moyens de sauver Auxonne de sa ruine; et très-heureusement encore, le lendemain arriva le sieur de la Croix qui rapportoit, de sa députation vers le Roi, des lettres de créance au sieur de Charni, par lesquelles il lui étoit donné plein pouvoir de traiter avec les habitans ainsi qu'il le jugeroit convenable, avec assurance qu'on ratifieroit tout ce qui seroit fait à cet égard.

Des négociations furent donc entamées; et, le 15 août 1586, fut signé et arrêté à Thillenay entre le sieur de Charni et les maire et habitans d'Auxonne, un traité portant en substance : révocation des lettres qui déclaroient les Auxonnois criminels de lèze-majesté; — approbation générale de leur conduite passée; — décharge des munitions prises sur le vicomte de Tavannes; — exemption de contribution pendant neuf ans; — levée sur la province de 36,000 fr. d'indemnités et dépenses; — gratification de 90,000 fr. au sieur de Pluveault; etc., etc. — Ce traité fut approuvé par lettres-patentes du 19 août 1586; et le 25 du même mois le baron de Sennecey fut reçu et installé dans le gouvernement des villes et château d'Auxonne, et convint avec les habitans d'un réglement pour l'ordre du service militaire de la place.

Tous ces faits sont établis, soit par des manuscrits du temps, soit par des titres conservés dans les archives de la ville d'Auxonne, dont la copie feroit à elle seule un volume.

Il en résulte que ce fut par les ordres du Roi, et non par ceux des Guises, que l'on dirigea contre Auxonne un appareil militaire, sous la direction du lieutenant général de Bourgogne, le comte de Charni : mais ces placemens de troupes à portée d'une ville ne peuvent être réputés un siége.

Auxonne ne fut donc pas assiégée; par conséquent ses habitans ne furent pas dans le cas de se défendre, moins encore de faire une vigoureuse résistance. Cette ville n'a donc point soutenu le siége de 1586, dont parlent Courtépée et la Biographie universelle : mais si elle l'a évité, elle le doit aux négociations du célèbre président Jeannin, l'un des magistrats les plus vertueux dont la Bourgogne s'honore, et qui a mérité la reconnoissance éternelle de cette province, pour l'avoir préservée, par la sagesse de ses conseils, des horreurs de la Saint-Barthélemi.

Nous terminerons cet article par une copie

de la Lettre de Henri IV, dont nous avons parlé plus haut : ce sera la seule preuve que nous transcrirons ici.

LETTRE *de Henri IV, alors Roi de Navarre, datée de Montauban, le 25 janvier 1586, adressée aux habitans d'Auxonne.*

Si toutes les villes occupées par ceux du parti avoient rendu pareil service à S. M., pour se maintenir sous son obéissance, comme tous les sujets y sont naturellement obligés, la France seroit maintenant en repos, S. M. paisible en ses Etats, et ses ennemis du tout hors de pouvoir de lui nuire. Mais comme tous les hommes ne sont également armés d'une vertueuse résolution aux affaires douteuses, aussi s'en étoit-il trouvé beaucoup en ces nouveaux remuemens et inopinés, qui n'avoient pu tout-à-coup se résoudre à ce que leur devoir les obligeoit; les uns retenus de crainte, les autres gagnés de vaines espérances faisoient désespérer qu'ils ne revinssent au droit chemin : de quoi je prie Dieu de vous faire la grâce de persévérer en la même affection que vous avez déja fait paroître avoir au service du Roy et à la servation de la France; ce que en faisant vous vous êtes acquis une immortelle obligation sur tous les princes du sang et autres gens de bien et bons

Français. Je vous prie assurément de croire que je n'oublierai jamais le service que vous avez rendu au Roy en si importante occasion, et que je vous en ai beaucoup d'estime pour votre fidélité et ferme persistance en vos devoirs; et suis votre entièrement bon et affectionné ami.

Signé HENRI.